AF318315

DE LA

RESPONSABILITÉ

DES

AGENS DU GOUVERNEMENT.

DE LA
RESPONSABILITÉ

DES AGENS DU GOUVERNEMENT,

ET DES

GARANTIES DES CITOYENS

CONTRE

LES DÉCISIONS DES MINISTRES ET DU CONSEIL D'ÉTAT;

Par M. de Cormenin.

Deuxième Édition.

ORLÉANS,

DANICOURT-HUET, IMPRIMEUR,

PARIS,

BAUDOUIN FRÈRES, LIBRAIRES, RUE DE VAUGIRARD,

CHARLES-BECHET, LIBRAIRE, QUAI DES AUGUSTINS.

1828.

AVERTISSEMENT.

Les amis de M. de Cormenin ne croient pas pouvoir mieux appuyer et servir sa candidature, qu'en faisant réimprimer *mot pour mot* et distribuer aux Électeurs d'Orléans un écrit que ce publiciste a composé il y a près de dix années, sur les plus hautes matières du gouvernement.

Cet écrit vigoureux, où respirent d'un bout à l'autre la haine de l'arbitraire et l'amour des libertés publiques, prouve, par sa date seule, que M. de Cormenin a toujours montré la même fermeté de principes et la même indépendance de caractère.

Ces sentimens constitutionnels, que M. de Cormenin, fonctionnaire amovible, professait, aux risques de sa destitution, sont également consignés dans ses *Questions de droit administratif*, dont la 3e édition est épuisée; et il n'est pas inutile de faire connaître l'opinion des journaux et des jurisconsultes sur les doctrines et les sentimens de ce publiciste.

Extrait du Constitutionnel, *du 25 novembre 1823.*

« M. de Cormenin discute *les questions de droit admi-*
« *nistratif* avec une profondeur de connaissances, une force
« de dialectique, une correction, une clarté et une élé-
« gance de style qui ne laissent rien à désirer. Nous ne

« saurions donner une plus juste idée de son ouvrage
« qu'en disant qu'il est, pour le droit administratif, ce
« que sont, pour le droit civil ordinaire, les Questions de
« droit du savant et profond jurisconsulte M. *Merlin*.

« L'idée qui domine dans sa discussion est le respect
« pour les droits-acquis et pour la loi, quelles que soient sa
« date et les personnes qui l'invoquent.

« Il soutient avec énergie les droits des acquéreurs des
« domaines nationaux ; il ne défend pas avec moins de force
« les droits que la législation a pu laisser ou rendre aux an-
« ciens possesseurs sur ceux de leurs biens dont l'État n'avait
« pas irrévocablement disposé. Montrant une telle impartia-
« lité, et toujours rigoureux observateur de la loi, il a dû
« puissamment contribuer à faire maintenir, dans la juris-
« prudence du conseil d'Etat, le principe de l'inviolabilité
« des ventes des domaines nationaux.

« Le droit administratif est une branche du droit public ;
« il touche de toutes parts à la politique. M. de Cormenin
« s'est montré aussi habile publiciste qu'administrateur
« éclairé et profond jurisconsulte.

« Il ne partage point l'opinion des partisans exclusifs de la
« grande propriété, de ceux qui prétendent qu'il n'y aura
« d'ordre en France que lorsque ses habitans seront parta-
« gés en riches propriétaires et en prolétaires. En expli-
« quant les motifs de la jurisprudence du conseil d'Etat, qui
« tend à maintenir les partages de biens communaux qui
« ont eu lieu au commencement de la révolution, il dit :
« — A quelques exceptions près, il faut reconnaître que le
« partage de ces biens a multiplié les richesses de l'agricul-
« ture. Un esprit de vie et de fécondité s'est répandu tout-à-
« coup sur des terrains jusque-là négligés par la nature et
« par la main de l'homme..... Un plus grand nombre de

« Français se sont unis aux affaires de leur pays par les liens
« si fermes et si attachans de la propriété. Favorable à la
« liberté publique, le partage a été plus favorable aussi
« qu'on ne le pense à la tranquillité du gouvernement. Il
« a ôté plus d'un prétexte aux révolutions, puisqu'il a
« adouci la condition du peuple, non pas en lui prodiguant
« tout-à-coup des richesses qui l'auraient corrompu, mais
« en lui offrant une honnête récompense de son travail et
« de ses sueurs. Enfin, il a augmenté la population en
« diminuant les prolétaires. — »

« Il n'est point du nombre de ceux qui pensent que l'on
« peut abroger ou réformer les lois par de simples ordon-
« nances. Il n'hésite pas à soutenir qu'une ordonnance ne
« peut pas déroger à une loi ; qu'en cas d'opposition entre
« la loi et l'ordonnance, la loi seule doit être suivie, et que
« cette doctrine est seule conforme à la Charte, aux droits
« des citoyens et au véritable intérêt du pouvoir royal,
« qui est la justice.

« Il est d'une telle franchise, il a un si grand amour pour
« la vérité, que, quoiqu'il soit membre du conseil d'E-
« tat, il ne laisse pas de représenter ce corps comme n'é-
« tant ni reconnu par la Charte, ni constitué par la loi,
« n'existant qu'en vertu d'une ordonnance rapportable,
« ne marchant qu'à l'aide d'un réglement provisoire ne
« permettant que des débats secrets, ne se composant que
« de juges amovibles, ne se gouvernant que par une juris-
« prudence de tradition, exposée elle-même à changer avec
« les conseillers passagers qui l'ont faite : il appelle de tous
« ses vœux une loi qui organise ce corps régulièrement,
« et avec les garanties nécessaires.

« Si l'on pouvait être assuré que le conseil d'Etat ne sera
« jamais composé que de rapporteurs et de conseillers aussi

« éclairés que M. de Cormenin, d'un savoir aussi profond,
« d'intentions aussi pures, d'un respect aussi religieux pour
« les droits acquis, les lois et les libertés publiques,
« personne ne songerait à demander des garanties : mais les
« hommes passent. »

Extrait du Journal des Débats, *du* 1er *octobre* 1822.

« Rien de plus utile, rien de plus honorable pour l'ordre
« politique qu'un livre où les questions les plus difficiles et
« les plus importantes pour l'intérêt particulier sont nette-
« ment, sincèrement, impartialement discutées et résolues ;
« sous tous les rapports, ce livre ne peut que justifier et
« accroître la grande et solide considération dont jouit M. de
« Cormenin. »

Extrait du Recueil général *de M. Sirey.* — 1822.

« L'ouvrage que nous annonçons fera époque. Il est écrit
« avec une élégance rare parmi les jurisconsultes ; il est
« plein d'idées éminemment élevées. Il a constamment pour
« objet l'alliance des intérêts nécessaires ou garantis entre le
« droit et le pouvoir ; il joint tout le mérite des documens
« positifs et des théories scientifiques ; il trace avec clarté,
« vigueur et abondance, les règles suivies et à suivre par le
« conseil d'Etat dans l'exercice de cette haute juridiction
« administrative, dont les décisions s'étendent à tout ce qui
« nous importe, dans notre fortune, dans notre sûreté,
« dans nos libertés ou dominités, et même dans notre
« honneur. »

Extrait du Recueil général des lois et arrêts, *par*
   M. Sirey. Année 1822, *tom.* 22, 8me *cahier.*

« L'auteur établit qu'il règne dans l'étendue et dans
« l'exercice des attributions du Conseil d'État un discré-
« tionnaire qu'il importe de rendre légal. — « Le jour où la
« France recevra ce nouveau bienfait de la sagesse de son
« Roi, devra être un beau jour pour M. de Cormenin : il
« pourra croire y avoir contribué pour une bonne part. — »

Extrait de la Thémis. *Août* 1823. (*Art. de M. Dupin.*)

« Dans le livre de M. de Cormenin, les principes sont
« nettement exposés ; toutes les lois, les réglemens, la juris-
« prudence, sont exactement rappelés. Point de verbiage,
« point de subtilités scolastiques, point de théories incer-
« taines, tout va droit au but.

« Ce qui distingue éminemment son livre, c'est l'éner-
« gique précision du style et la netteté des raisonnemens.
« Toutes les discussions sont courtes, mais pleines. Il est
« impossible de dire plus de choses en moins de mots, et
« cependant il règne partout une admirable clarté. Sous ce
« rapport je ne connais pas un seul livre de droit, ancien
« ou moderne, qui puisse l'emporter sur celui de M. de
« Cormenin. »

Extrait du Petit Producteur français, *par le baron*
   Charles Dupin.

« Ainsi, partout où la jeune génération pénètre, là pé-
« nètrent les idées de son âge, et la grande révolution que
« je signale s'opère sans bruit, sans efforts, invisible comme
« le temps, irrésistible et rapide comme lui. Voilà du moins
« ce que nous démontre l'observation attentive de toutes les

« réunions publiques , où nous pouvons juger des idées et
« des penchans par le langage des hommes; là ne s'arrête
« pas un si vaste mouvement.

« Nous n'avons qu'une faible connaissance de la compo-
« sition du conseil d'Etat, dont les séances plus ou moins
« secrètes ont toujours du mystère. Cependant nous croyons
« pouvoir affirmer qu'il éprouve en ce moment la même
« transformation de pensées et de sentimens, que nous
« avons indiquée pour les colléges électoraux, pour la cham-
« bre des Pairs, pour l'ordre des avocats , pour l'Académie
« française, et pour la société des bonnes-lettres. Mais, dans
« un conseil où chacun est sans cesse révocable , un voile
« épais couvre les penchans qui n'ont pas encore obtenu le
« laissez-paraître du pouvoir. Cependant , lisez les écrits du
« savant Cormenin , et vous pourrez entrevoir les pensées
« du jeune conseil d'Etat. »

Extrait du Recueil des lois et ordonnances du
royaume, *du 15 septembre 1822, par M. Isambert.*

« Les deux volumes publiés par M. de Cormenin sont
« pleins de choses : c'est un livre de doctrine. Nous ne
« voyons rien qu'on puisse comparer aux *Questions de droit*
« *administratif*, si ce n'est les Questions de droit de
« M. Merlin.

« Dans un seul article, intitulé *De l'interprétation de la*
« *loi*, M. de Cormenin nous enseigne plus de vérités et
« résout plus de difficultés que certains *Traités* spéciaux. »

Extrait du Globe, *du 16 décembre 1826.*

« Deux éditions déjà épuisées attestent le succès de cet
« ouvrage. Une science profonde, une grande indépen-
« dance de jugement ont fait sa fortune. »

LA RESPONSABILITÉ

AGENS DU GOUVERNEMENT.

CHAPITRE Ier.

SECTION PREMIÈRE.

Réflexions préliminaires.

LE gouvernement constitutionnel s'exagère trop la nécessité de garantir ses agens.

Cette garantie ne s'exerçait, avant la révolution, que par la voie indirecte de l'évocation, voie extraordinaire et embarrassée d'obstacles.

En vain les partisans de la garantie illimitée ont dit que l'Assemblée constituante, quoique libérale à l'excès, avait cependant organisé la division des pouvoirs, créé l'autorité administrative, et défendu aux tribunaux de citer devant eux les fonctionnaires publics (1).

Régime républicain.

Ils n'ont pas compris que les assemblées politiques cherchent toujours dans leurs réformes le remède des abus du passé, qui tombent plus sous leurs sens que les abus cachés dans l'avenir.

Ainsi l'Assemblée constituante, encore effrayée de la puissance des parlemens, qui avaient quelquefois décrété les

(1) Loi du 18 décembre 1790, art. 61. — Loi du 24 août 1790, titre xi, art. 13. — Loi du 14 octobre 1790.

intendans de prise de corps, voulait renfermer les tribunaux dans des limites très-étroites.

Elle ne s'aperçut pas assez qu'en ôtant aux tribunaux toute prérogative politique, elle leur ôtait tout ce qui en eux était redoutable ; et elle affaiblit peut-être trop leur autorité, en sorte que, jusqu'à nos jours, et par suite de cette première faute, les tribunaux n'ont obtenu ni assez de considération personnelle , ni assez de force pour protéger les citoyens, leurs droits et leurs propriétés contre les attentats du pouvoir.

L'histoire de la révolution rend cette vérité sensible aux yeux des observateurs.

En effet, les assemblées nationales, laissées à elles-mêmes, sans résistances et sans équilibre, tendent nécessairement à envahir par degrés tous les pouvoirs.

Ainsi, l'Assemblée législative fut plus puissante que l'Assemblée constituante, et la Convention, qui succéda à l'Assemblée législative, tint dans ses mains le faisceau de tous les pouvoirs législatifs, administratifs, et même judiciaires, et fut véritablement le souverain dans le sens le plus absolu de ce mot.

Elle dut, comme font tous les despotes, accorder à ses agens des protections exorbitantes ; elle leur délégua en effet de ces pouvoirs extraordinaires, sans terme et sans mesure, dont les hommes, même les plus modérés, abuseront toujours.

Chose bien digne de remarque ! Ces garanties illimitées, ces inventions du despotisme, se sont rencontrées dans les constitutions républicaines de 1791 et de l'an 3. Il ne faut pas s'en étonner : sous le nom de liberté régnait alors une insupportable servitude. La tyrannie du pouvoir exécutif avait envahi les choses et les personnes ; elle avait détaché des tribunaux et attribué à la décision expéditive des administrations de départemens, et par voie d'appel aux ministres, toutes sortes de questions d'État, de propriété, de titres privés. Ainsi, lorsque les citoyens portaient devant les tribunaux, leurs juges naturels, des affaires de leur ressort par la qualité des parties et l'essence du contrat, le gouvernement défendait aux tribunaux d'en connaître, sous les peines les plus sévères (1). Il en évoquait l'examen devant l'administration, qui souvent prononçait dans l'ombre, sans délais, sans formes, sans défenses. Le citoyen se plaignait-il d'un excès de pouvoir, ou d'une arrestation arbitraire, ou de voies de fait et injures, commis envers lui par des fonctionnaires publics, le gouvernement couvrait les délits, les prévarications, les concussions de ses agens, du bouclier de la garantie constitutionnelle; avec le pouvoir de mal faire il leur avait accordé l'impunité du mal fait. Cela prouve que la liberté n'existe pas plus dans le nom et sous la forme de république, que sous le nom de monarchie : elle n'existe véritablement que là où elle a des garanties.

Malheureusement, la constitution de l'an 8, qui, avertie par la faiblesse du Directoire, voulait fortifier l'action du gouvernement, et de loin préparait déjà les envahissemens du despotisme, ordonna que les agens du gouvernement, autres que les ministres, ne pourraient être poursuivis devant les tribunaux pour des faits relatifs à leurs fonctions, qu'en vertu d'une autorisation du Conseil d'État. *Régime du consulat.*

La nation ne vit pas alors où on la menait : fatiguée des incertitudes et de la mollesse du Directoire, elle courait d'elle-même se placer sous la protection d'un bras plus ferme, qui, au lieu de la soutenir, devait bientôt l'accabler.

Le gouvernement impérial hérita avec empressement de cette garantie illimitée que le consulat avait léguée à tous les agens et préposés quelconques de l'administration. *Régime impérial.*

On sait trop que, sous ce gouvernement, la liberté individuelle et les intérêts de la propriété furent sans cesse violés par les agens du pouvoir. Mais l'action du gouvernement était tellement unie, serrée et forte, que les citoyens ne

(1) Loi du 16 fructidor an 3.

séparaient guère les actes des fonctionnaires de la volonté impulsive et rapide du maître. L'ordre parti du trône arrivait presqu'à l'instant jusqu'au dernier agent de la hiérarchie administrative, qui l'exécutait sans remontrance et sans restriction. Les ministres, affranchis de la responsabilité, n'étaient considérés par le peuple que comme des agens passifs, sans volonté délibérée, sans impulsion propre comme sans résistance : aussi, quoique, par flatterie ou par déréglement de zèle, certains fonctionnaires missent quelquefois plus de dureté dans l'exécution de l'ordre, qu'il n'y en avait dans l'ordre même, les administrés n'attribuaient pas ces actes et ces excès de pouvoir à la tyrannie individuelle de leurs administrateurs, mais à la tyrannie générale du gouvernement ; et, soit que l'âme flétrie s'accoutume à la longue au despotisme, soit que l'exercice d'une action légitime parût impossible ou même dangereux, par dégoût, par impuissance, par crainte, on vit à cette époque peu de citoyens demander la mise en jugement des fonctionnaires publics.

A la vérité, on priva du bénéfice de la garantie plusieurs employés secondaires (1).

Mais ces employés ne sont point, à proprement parler, les agens du pouvoir.

On eut soin aussi, pour sauver les apparences, d'insérer dans les art. 114 et 119 du Code pénal, que les fonctionnaires publics, agens et préposés du gouvernement, prévenus d'actes arbitraires et attentatoires à la liberté individuelle, seraient passibles de la peine de la dégradation civique.

Mais ces dispositions salutaires étaient détruites habilement au profit de l'autorité, par l'art. 75 de la constitution de l'an 8, et par les articles 127, 128 et 129 du même Code pénal.

(1) Arrêtés du gouvernement, des 10 pluviose et 10 floréal an 10, des 28 pluviose, 22 et 28 thermidor an 11, et 28 février 1806.

Car le gouvernement, en refusant l'autorisation de poursuivre ses agens (et personne ne peut le contraindre à l'accorder), empêche toujours, lorsqu'il le veut, l'exécution des art. 114 et 119.

De manière que ces articles ne peuvent véritablement s'appliquer que lorsque l'autorisation du gouvernement est accordée.

Cette combinaison du despotisme n'était pas, il faut l'avouer, trop maladroite.

On voit, par ce rapide exposé, que toutes les raisons alléguées pour défendre en principe la nécessité de la garantie illimitée telle qu'on l'applique aujourd'hui, sont fondées uniquement sur l'intérêt d'un gouvernement révolutionnaire ou despotique, intérêt qui, n'existant plus sous notre gouvernement libre et juste, n'a plus, par conséquent, besoin d'être préservé.

Il ne faut pas toutefois se le dissimuler : une loi sur la responsabilité matérielle des agens du pouvoir serait infiniment plus nécessaire dans une monarchie absolue que dans une monarchie constitutionnelle ; elle y assurerait aux particuliers le plein et tranquille exercice de leurs droits civils ; elle serait leur plus chère loi, leur véritable palladium ; ils jouiraient sous son ombre d'une partie des faveurs de la liberté même. Mais, sous le gouvernement représentatif, c'est-à-dire sous le gouvernement de l'opinion, le droit de pétition, la voix des députés, l'indépendance et l'inamovibilité des tribunaux, et surtout la liberté de la presse, rendent à peu près vains les efforts de l'arbitraire. La responsabilité morale y est plus souvent appliquée aux ministres par l'opinion, que la responsabilité matérielle par les juges.

Mais comme, d'un côté, cette redoutable opinion qui accuse, juge et punit les ministres, ne peut guère y atteindre dans leur obscurité les agens subalternes, et que, d'un autre côté, la sûreté des citoyens, leur liberté, leur honneur et leurs propriétés, y sont plus précieux et plus respectés qu'ailleurs, il faut aussi que les délits des agens y aient, plus qu'ailleurs, des réparations positives, et les droits des citoyens des garanties efficaces.

Le problème à résoudre est de concilier les besoins de l'administration avec les droits des citoyens.

Les garanties des citoyens sont, quant aux tribunaux, dans leur indépendance; quant à l'administration, dans sa responsabilité.

Mais comment cette responsabilité s'exercera-t-elle? Sera-ce le Conseil d'État qui donnera ou refusera l'autorisation? Sera-ce les ministres? Quels seront les agens garantis? Sera-t-il libre de commencer contre eux une instruction préparatoire? Les ministres auxquels cette instruction et le jugement préalable seront transmis, devront-ils prononcer dans un délai court et fixé? S'ils ne prononcent pas dans le délai, les tribunaux pourront-ils passer outre à la continuation des poursuites? Le gouvernement pourra-t-il empêcher l'action publique? Pourra-t-il empêcher l'action civile? La responsabilité montera-t-elle de degré en degré jusqu'au ministre qui l'aura assumée? Et alors faudra-t-il l'accuser devant les Chambres, dans quel délai, dans quelles formes et par quels organes? ou cette responsabilité frappera-t-elle directement le fonctionnaire auteur immédiat du délit, sauf son recours contre le ministre complice ou ordonnateur de ce délit?

Voilà des questions sans doute neuves, sans doute importantes, et qui méritent l'attention des publicistes.

La matière est hérissée de difficultés.

Essayons de la dégager et de la réduire à un système régulier et complet.

Voici sur quelles bases on pourrait à peu près l'asseoir.

SECTION II.

Projet de loi.

1º. Il faudrait commencer par déclarer nettement que

tous les agens et préposés quelconques de l’administration, autres que les maires et les adjoints, sous-préfets et préfets, peuvent, de la même manière que les simples citoyens, être traduits devant les tribunaux pour des délits et crimes commis dans l’exercice de leurs fonctions.

2°. Quant aux maires, adjoints, sous-préfets et préfets prévenus de délits commis dans l’exercice de leurs fonctions envers les particuliers, le ministère public ferait, sur la plainte ou dénonciation des parties lésées, procéder contre eux à une instruction préparatoire, entendre les témoins, dresser des procès-verbaux, recueillir les preuves.

Néanmoins, les fonctionnaires inculpés ne pourraient être provisoirement atteints d’aucun mandat, ni même interrogés en justice, hors le cas de flagrant délit.

3°. L’instruction faite, le tribunal saisi de la plainte qualifierait le délit. Le procureur-général avertirait le préfet du département et transmettrait les pièces de la procédure au ministre de la justice.

4°. Celui-ci serait tenu d’en référer de suite au ministre compétent; et si le ministre compétent, dans un délai court et fixé, ne déclarait point qu’*il n’y a lieu à poursuivre*, le tribunal passerait outre à la continuation de la procédure contre le fonctionnaire inculpé.

5°. La déclaration du ministre ne pourrait, dans aucun cas, après l’expiration dudit délai, arrêter l’action civile de la partie lésée contre le fonctionnaire auteur immédiat du délit, sauf le recours de celui-ci en garantie et aux mêmes fins, contre le ministre compétent.

Ce système sur l’application de la responsabilité aux agens du pouvoir est simple et complet.

Nous allons en développer les avantages, mêlés sans doute de quelques inconvéniens, et nous combattrons les objections dirigées tant contre son principe que contre son exécution.

1. C’est déjà une idée libérale, parce qu’elle est raison-

fiable, c'est un grand pas fait vers un meilleur système, que de vouloir, ainsi que nous le proposons, ôter la garantie à tous les agens inférieurs ou supérieurs du gouvernement, autres que les maires et adjoints, sous-préfets et préfets. Les trois quarts des demandes en autorisation formées devant le Conseil d'État n'atteignent en effet que des employés subalternes des administrations financières. Les particuliers lésés par les agens les plus obscurs de l'administration ne seraient plus contraints de venir, à grands frais, des extrémités du royaume, solliciter devant le Conseil d'État, tribunal occulte et illégal, une autorisation toujours lente et dispendieuse à obtenir, et souvent refusée. Néanmoins, cette proposition rencontre dans quelques directeurs généraux une assez vive opposition.

Ils prétendent que les gardes forestiers seraient sans cesse amenés devant les tribunaux par les récriminations fausses et haineuses des délinquans contre lesquels ils dressent des procès-verbaux; qu'alors ils négligeraient leurs devoirs, et laisseraient dévaster les bois de l'État.

On fait tomber cette objection, en répondant que les bois des particuliers sont mieux défendus que ceux de l'État, et que cependant les gardes ordinaires n'ont point de garantie, que d'ailleurs les procès-verbaux des gardes forestiers font foi jusqu'à inscription de faux.

On prétend aussi en faveur des douaniers que, faisant leur service périlleux, de nuit, sur la ligne des frontières ou sur les grèves désertes de la mer, ils sont sans cesse exposés aux embûches, aux attaques des contrebandiers, race d'hommes entreprenans, immoraux et armés. Que si on les livre sans garantie aux tribunaux des lieux, enclins peut-être à l'indulgence pour ce genre de délit dont les habitans profitent toujours plus ou moins, on paralyse l'énergie et l'activité des douaniers, on menace d'une perception molle et négligente un des impôts les plus productifs.

Nous avouons que ces objections ne sont pas sans force. Elles ne sont pas non plus sans réponse.

En effet, les employés des droits réunis, qui, dans certains départemens, exercent aussi un métier périlleux et difficile, ne jouissent plus, depuis 1814, du bénéfice de la garantie. Si cette heureuse innovation, ou plutôt si ce retour à l'ordre, a rendu ces agens plus circonspects, plus modérés dans leurs opérations, il est également reconnu qu'il n'a eu aucune influence fâcheuse sur la perception des impôts et sur leurs produits.

D'ailleurs, les lois sur les contrebandiers ne sont-elles pas réprimantes et sévères? Le ministère public, organe du gouvernement, ne défendra-t-il pas les employés des douanes poursuivis devant les tribunaux? L'intervention des agens supérieurs ne peut-elle éclairer la religion des juges? Pourquoi supposons-nous toujours que les juges sont des ennemis du gouvernement, toujours prêts à condamner ses agens par caprice ou par jalousie, et à affecter la souveraineté? Rien n'est moins vrai.

Préférerait-on laisser le Conseil d'État juge de la prévention? Mais voyez le résultat d'une jurisprudence occulte et de tradition qui se fait et se défait chaque jour dans un conseil mal à propos converti en chambre d'accusation!

Des ordonnances royales ont déclaré que le Conseil d'État était compétent pour apprécier l'excuse de *la légitime défense*, et absoudre, par le *refus d'autorisation*, des employés des douanes prévenus d'un meurtre.

D'autres ordonnances ont au contraire décidé que, toutes les fois qu'il y avait eu *meurtre ou blessures graves*, même avec *légitime défense*, les tribunaux seuls devaient juger la validité de cette allégation.

Laquelle de ces deux jurisprudences contraires l'une à l'autre prévaudra dans ce Conseil d'État qui change et se renouvelle chaque jour? La vie d'un citoyen, dans un pays libre, n'est-elle pas assez précieuse pour qu'elle soit mise sous la sauve-garde de ses juges naturels? Le privilége qui permettrait à l'administration d'absoudre un meurtrier par une simple dénégation, ne rendrait-elle pas avec raison l'administration odieuse et tyrannique aux yeux des citoyens?

Prenons encore un autre exemple. Un receveur ou préposé des domaines a enregistré un acte sous une fausse date. Vous lui appliquez aujourd'hui la garantie constitutionnelle. Quel abus de principe! Est-ce que les faux ne sont pas jugés par les tribunaux? Est-ce que le Conseil d'État est compétent pour déterminer le caractère d'un faux, pour en rechercher et en établir la preuve? Est-ce qu'il importe à la tranquillité, à la sûreté de l'État, à la perception des impôts, à la marche régulière de l'administration, qu'un employé prévenu d'un faux ne puisse être poursuivi devant les juges ordinaires? Sa réputation ne sera-t-elle pas mieux vengée par la déclaration des jurés, de ses pairs, de ses égaux, par un jugement solennel et par la honte publique de ses calomniateurs, que par la dénégation sans débats, sans preuves, sans publicité, venue du Conseil d'État? Je n'ajouterai pas que cette dénégation tardive suspend la distribution de la justice, lorsqu'il y a connexité du délit avec d'autres prévenus. En sorte que la punition ou l'absolution du crime manquent également de célérité : mal fort grand dans les deux cas.

Ces observations peuvent s'appliquer à tous les autres préposés, employés et agens quelconques de l'administration, que, par une extension ridicule de l'art. 75 de la constitution de l'an 8, on ne pouvait traduire devant les tribunaux sans l'autorisation préalable du Conseil d'État.

On sentit, dès l'origine, que cette garantie illimitée n'avait aucun motif plausible. On l'ôta, par degrés, à quelques-uns de ces agens. Il faut l'ôter à tous, même aux conseillers d'État et aux directeurs généraux, et il faut le dire.

C'est par cette déclaration franche et explicite que devrait commencer la loi sur la responsabilité des agens.

II. La garantie restreinte aux maires, sous-préfets et préfets, il s'agit de concilier les besoins de l'administration avec les besoins de la justice.

D'un côté, l'administration a besoin que ses agens ne puissent être détournés de leurs fonctions par le caprice, la sédition et la haine.

C'est à quoi il serait pourvu suffisamment si l'on ordonnait qu'ils ne pourraient être atteints provisoirement d'aucun mandat, ni même interrogés en justice, hors les cas de flagrant délit.

Mais d'un autre côté la justice a besoin que les preuves du délit soient recueillies promptement, que des témoins soient entendus, des procès-verbaux dressés.

C'est à quoi il serait pourvu par une instruction préparatoire.

III. Cette instruction terminée, le tribunal saisi de la plainte rendrait un jugement qui énoncerait avec précision la nature et les circonstances du délit, et qui porterait en même temps sursis à toutes poursuites jusqu'à ce que l'autorité compétente eût prononcé.

La qualification précise du délit est nécessaire pour mettre le ministre compétent à même de prononcer plus tôt et en plus pleine connaissance de cause.

IV. Le jugement énonciatif et de sursis, pris et envoyé au procureur-général, celui-ci serait tenu d'avertir de suite le préfet du département, et de transmettre les pièces de la procédure, dans les cinq jours, au ministre de la justice.

L'avertissement donné au préfet par le procureur-général aurait pour but de faire recueillir à l'instant, par le préfet, toutes informations administratives sur les circonstances du délit reproché à son agent, et de préparer d'avance, soit la défense de cet agent, soit la sienne propre, s'il était personnellement inculpé. En sorte que lorsque le ministre compétent consulterait ultérieurement le préfet sur l'affaire, celui-ci pourrait lui en adresser sur-le-champ un rapport plus détaillé et plus complet.

Le procureur-général serait tenu de donner son avis au ministre de la justice, afin d'avertir la religion du ministre sur la marche plus ou moins régulière de l'affaire, la qualité du délit, le poids des charges, les influences de localité, la moralité des individus plaignans et des fonctionnaires inculpés. Il arriverait de là que le ministre compétent, avant de prendre une résolution, serait éclairé à la fois par le préfet et par le procureur-général. Cette combinaison ne pourrait produire que de bons effets.

V. Le ministre de la justice, après avoir reçu les pièces de l'instruction préparatoire et le jugement, serait tenu d'en référer de suite au ministre *compétent*, lequel, dans un délai d'un mois, alongé d'un jour par trois myriamètres, selon les distances, serait obligé de notifier au procureur-général sa résolution qu'*il n'y a lieu à poursuivre*.

Ce délai expiré, sans que le procureur-général eût reçu aucune notification, le cours de la justice serait repris, et le tribunal passerait outre à la continuation des poursuites contre le fonctionnaire inculpé.

Il est absolument nécessaire de limiter la suspension des poursuites dans ces délais raisonnables, délais assez longs pour que le gouvernement puisse recueillir, sur la présomption du délit, des informations, et prononcer en pleine connaissance de cause; délais assez brefs pour que l'action publique et l'action civile ne soient pas paralysées. Alors la distribution de la justice ne serait plus comme aujourd'hui scandaleusement arrêtée pendant une année entière; on ne verrait plus comme aujourd'hui les témoins disparaître, les preuves s'affaiblir, les traces du délit se dissiper, et l'efficacité de la punition périr avec l'oubli du crime.

On laisserait la décision au ministre et non au Conseil d'État. En effet, le Conseil d'État, autorité collective, non reconnue par la Charte, non organisée par la loi, non sou-

mise à la responsabilité, ne peut soustraire des fonctionnaires coupables ni à l'action de la justice ni à la poursuite
civile des parties lésées.

Le ministre seul est responsable vis-à-vis du fonctionnaire
seul. Il doit rendre une décision dans la forme d'arrêté,
et non d'ordonnance royale. Il ne faut pas compromettre
ainsi la majesté sacrée du Roi. C'est un acte personnel, une
simple décision du ministre.

VI. Dans aucun cas, la décision ou déclaration du ministre, transmise au tribunal et portant qu'*il n'y a lieu à
poursuivre*, ne pourrait, quoiqu'elle arrêtât l'action publique, arrêter cependant l'action civile de la partie lésée
contre le fonctionnaire auteur immédiat de la lésion, sauf
le recours de ce fonctionnaire contre le ministre *compétent*,
en garantie et aux mêmes fins.

C'est là la clef de tout le système. Ce système est complet. Il fait de la responsabilité des agens une loi à part,
qui a sa procédure, ses règles, ses limites, ses peines, ses
réparations. Il la sépare et la détache de la loi sur la responsabilité des ministres, loi beaucoup moins utile que celle-
ci, parce que l'une est plutôt une loi de théorie, et l'autre
une loi d'application; parce que l'une est plutôt favorable
aux ministres, et l'autre plutôt favorable aux citoyens.

Cependant, on ne manquera pas de prétendre que le ministre est le chef suprême de l'administration; que tout,
en définitive, vient aboutir à lui; qu'il est déclaré responsable par la Charte; que, lorsqu'il assume la responsabilité
du fait de son agent, il faut qu'il subisse personnellement
les chances de l'accusation; que l'accusation ne peut être
portée ni devant le Conseil d'État, tribunal subordonné au
ministre, ni devant le Roi, qui ne se manifeste légalement
dans ses décisions que par l'organe et le contre-seing des
ministres solidaires; qu'il faut s'adresser, de toute nécessité,
aux Chambres; que les Chambres pourront, en suspendant

le cours de l'action publique, réserver aux citoyens lésés l'action civile.

Ce système peut être vrai en théorie, et dans la déduction rigoureuse de ses conséquences.

Toutefois, il serait permis d'examiner, même en principe, si les ministres peuvent être passibles de peines autrement que pour les cas de trahison et de concussion spécifiés dans l'art. 56 de la Charte; si cette application peut être requise autrement que dans l'intérêt de l'État; enfin si les Chambres, qui n'exercent que des pouvoirs législatifs, ont aussi cet autre pouvoir d'empêcher un citoyen, lésé par le crime ou délit d'un ministre, dans sa fortune, son honneur, sa liberté, de demander au ministre une indemnité, devant les tribunaux, et par les voies ordinaires.

On ne le pense point.

Si de ces objections contre le principe nous passons aux objections contre l'exécution, nous les trouverons plus graves encore peut-être.

L'action dirigée contre le ministre devant les Chambres serait, en fait, véritablement illusoire; et prenez garde que le citoyen ne pourra y porter que l'action civile; car l'accusation, dans notre législation criminelle, ne peut être poursuivie que par le ministère public. Or, le ministère public, amovible et subordonné aux ministres, n'agira pas vraisemblablement contre eux avec une bien vive chaleur. Il faudrait alors que, sur la plainte du citoyen lésé, on organisât dans le sein des Chambres un mode d'accusation et de poursuites plus ou moins analogue à celui qui sera observé pour la répression des grands crimes spécifiés dans la Charte. Mais que de lenteurs entraînerait une accusation si solennelle, dont le résultat serait la réparation d'un délit individuel d'une importance si médiocre ! Les Chambres législatives ne seraient-elles pas converties en chambre d'accusation qui consumerait les heures précieuses de la session à recueillir les plaintes de chaque citoyen, à entendre les témoins cités à grands frais au bout du royaume, à discuter le mérite de chaque preuve, et à écouter de longues plaidoiries sur un fait particulier? Les Chambres, accoutumées à débattre de si graves et de si hautes matières, prendraient-elles, avec le même soin et la même impartialité que les tribunaux, la défense d'un seul individu? Le ministre, qui, par cela même qu'il est ministre, possède et gouverne la majorité, ne ressemblerait-il pas au plaideur qui d'avance serait sûr de la majorité de ses juges? La lutte est-elle égale entre un simple citoyen et un ministre tout puissant? Il ne suffit pas qu'une théorie soit exacte, il faut qu'elle soit applicable; car, dans les affaires de la société humaine, tout se résout en applications. Or, la théorie de la responsabilité ministérielle est-elle applicable dans ce cas? Non, elle ne l'est pas; elle conduit par une voie légale à l'impunité de fait. C'est le pire de tous les dénis de justice, qu'un déni légalisé; l'arbitraire est moins odieux. Certes, le citoyen ne quittera pas ses foyers, sa famille, ses affaires, pour venir dans la capitale attendre la session des Chambres, et poursuivre un ministre qu'il ne connaît pas et qu'il n'a aucun sujet de haïr personnellement, pour un délit d'emprunt, et peut-être de complaisance. Il abandonnera son action, en gémissant sur l'impuissance de l'exercer. Il verra le fonctionnaire qui l'a insulté dans son honneur, ou vexé dans sa personne, jouir tranquillement et triompher à ses yeux de l'impunité de son crime!

Il vaut mieux que le citoyen lésé intente directement son action civile contre le fonctionnaire auteur immédiat du délit.

Ce mode est plus naturel, plus simple, plus libéral, plus moral, plus efficace, plus prompt, plus utile à l'administration, plus favorable aux ministres et aux citoyens:

Plus naturel, parce qu'il tombe sous le sens que l'auteur direct et apparent d'un dommage en soit directement responsable;

Plus simple, parce que la responsabilité des agens secondaires du pouvoir ne se confondrait pas avec la responsabilité des ministres, qui veut d'autres garanties et d'autres règles;

Plus libéral, parce qu'aucun dommage ne peut, dans un pays libre, léser un citoyen sans qu'il ne doive être réparé par celui, quel qu'il soit, qui l'a commis; et aussi, parce que les citoyens, protégés et garantis dans leurs personnes et dans leurs biens, apprendraient à aimer et à bénir un gouvernement qui ne s'affranchirait pas lui-même de la nécessité commune des lois, et qui assurerait, avec une si vive sollicitude, l'honneur, le repos, la liberté, la sûreté des Français;

Plus moral, parce que le fonctionnaire ne pourrait plus jouir sous les yeux et en présence de ses administrés de l'impunité de son délit;

Plus efficace, parce que cette réparation locale inspirerait une salutaire crainte aux fonctionnaires prévaricateurs, concussionnaires, tyranniques, et les rendrait plus doux, plus modérés, plus humains, plus équitables dans l'exercice de leurs fonctions;

Plus prompt, parce que le dommage serait réparé presque à l'instant, dans le lieu même où il aurait été commis, et par la personne qui l'aurait commis : le fait, les preuves, les témoins, la partie lésée et le prévenu, tous seraient présens;

Plus utile à l'administration et aux citoyens, parce que, si les fonctionnaires étaient directement responsables, ils étudieraient les lois avec un soin plus intéressé et plus vigilant; ils en feraient une application plus exacte; ils ne se permettraient plus si souvent ces abus d'autorité, ces tracasseries, ces négligences de protection, ces offenses et ces petites vexations journalières qui rendent le poids de l'administration insupportable aux habitans des campagnes, et qui leur font déverser sur le gouvernement même la haine, le mépris, l'indifférence, que leur inspirent ses agens.

D'un commerce de bons offices, nés de la stricte et religieuse observation des lois, naîtraient ce respect pour les administrateurs, cette obéissance volontaire et raisonnée à leurs commandemens légaux, et cette confiance dans leur direction, qui font la véritable force des gouvernemens constitutionnels. C'est la seule manière de donner aux fonctionnaires cette considération qui leur manque aujourd'hui. On les regarde en effet comme des ennemis, des adversaires, des tyrans, et non comme des protecteurs et des pères.

Le despotisme impérial avait accoutumé insensiblement les fonctionnaires à considérer les abus d'autorité et les actes arbitraires comme des moyens propres et indispensables de gouvernement; ils respectaient peu les citoyens, qui les haïssaient à leur tour comme des agens serviles ou passionnés de la tyrannie.

Le régime d'exception de 1815 n'a pas peu contribué à rendre aussi le joug de l'administration pesant et importun.

Il est temps de rentrer dans les voies de l'ordre et de la justice.

Plus favorable aux ministres, parce que, lorsque, par leur déclaration antérieure, ils auraient assumé la responsabilité, ils ne seraient soumis qu'à l'action récursoire du fonctionnaire, et non à l'action directe de la partie lésée, et qu'ainsi ils pourraient, le plus souvent, s'accommoder avec le fonctionnaire par voie administrative.

Enfin ce projet serait accueilli sans doute avec faveur par les Chambres : considération importante.

La difficulté du système que nous proposons consiste, dit-on, à séparer les délits personnels des fonctionnaires de leurs actes ou décisions. Les tribunaux ne pourront allouer de dommages-intérêts au citoyen contre le fonctionnaire, qu'autant qu'ils jugeront que le fait n'a pas été commis dans l'exercice des fonctions administratives. Mais comme le fonctionnaire ne manquera pas d'alléguer qu'il a agi en vertu de son mandat, les juges seront obligés d'entrer dans l'appréciation des pouvoirs du fonctionnaire et de la nature de l'acte administratif; ce qui brouille toutes les hiérarchies, détruit la division si nécessaire des pouvoirs administratifs et judiciaires, leur action et leur indépendance réciproques, et transfère violemment la souveraineté même dans les tribunaux.

Ainsi un maire a ordonné la démolition d'une maison, ou l'ouverture d'un canal sur le terrain d'un particulier, dans un cas urgent d'inondation ou de sécheresse, ou mis d'une façon quelconque la propriété, la chose d'un citoyen à la disposition de sa commune.

Les tribunaux ne seront-ils pas obligés, pour adjuger des dommages-intérêts, d'examiner si l'acte du maire a dû être pris, c'est-à-dire de prononcer sur le mérite, la convenance, la nécessité d'une mesure d'administration.

Autre exemple : la taxe du pain a, dans tous les pays et de tout temps, été placée dans les attributions de la police administrative. Toutefois, si les boulangers attaquent personnellement le préfet de police pour avoir abusé de son autorité en taxant, par un réglement d'office, le prix du pain, les tribunaux ne seront-ils pas obligés d'examiner la validité du réglement administratif? car on ne peut allouer aux boulangers des dommages-intérêts que si le préfet a excédé ses pouvoirs, et il faut d'abord juger cela.

Il n'est peut-être pas si difficile qu'on le pense de répondre à ces objections, quelle que soit leur gravité apparente.

En effet, dans notre système, le gouvernement a deux voies pour sortir de difficulté.

Averti par le procureur-général, saisi des pièces de la procédure, et le jugement préparatoire sous les yeux, il examinera si l'acte a été commis par son agent en vertu de ses fonctions ou de son mandat; s'il y avait, dans le cas donné, nécessité administrative ou politique d'agir ainsi. Le gouvernement, qui doit seul juger de ces nécessités, par cela seul qu'il est gouvernement, pourra alors, sans être obligé de déduire ses motifs dont il n'est point comptable, déclarer qu'*il n'y a lieu à poursuivre*, et par là il éteint 'action pénale, parce qu'en effet les grands motifs du salut de l'État et de l'intérêt général ôtent à l'acte reproché le caractère de délit qu'il aurait s'il eût été commis par un simple particulier.

Mais, quoique le délit soit effacé, le dommage n'en subsiste pas moins. Or, le dommage veut une indemnité; car, en bonne législation, sous un gouvernement juste et dans un pays libre, tout sacrifice de l'intérêt particulier fait à l'intérêt général doit être réparé. Cette réparation du dommage appartient aux tribunaux. Les tribunaux examineront le fait nu et dégagé de toutes les considérations politiques et administratives, d'après les règles tracées par les codes. Si le fonctionnaire poursuivi devant eux excipe du mandat de l'autorité supérieure, il sera déclaré exempt, ou complice, ou auteur du délit, selon les cas : exempt, s'il devait à ses supérieurs une obéissance passive et hiérarchique; complice, s'il a agi par une servilité coupable; auteur, si, poussé par quelque passion personnelle, comme vengeance, tyrannie, cupidité, il a fait abus de son autorité.

Si l'acte a été pris par le fonctionnaire en exécution des lois administratives et par suite des attributions générales ou spéciales que ces lois lui conféraient, le gouvernement, averti par la même procédure, et mis en état de connaître le fait, acte ou arrêté reproché, au lieu de décider qu'*il n'y a lieu à poursuivre*, peut enjoindre au préfet d'élever le conflit et de ressaisir une affaire qui, d'après les lois, appartient à l'administration. Si le conflit est vidé en faveur de l'administration, elle jugera l'affaire dans l'ordre hiérarchique, et annulera, s'il y a lieu, l'arrêté. Elle pourra même décider que l'acte ou l'arrêté n'ont pas été pris par son agent dans l'exercice de ses fonctions, ou qu'ils sont injustes au fond, ou qu'ils sont pris incompétens. L'administration peut même, selon les cas, en renvoyant la cause devant les tribunaux, réserver les dommages-intérêts contre l'administrateur inculpé, à moins qu'une loi spéciale ne vînt permettre aux autorités administratives jugeant collectivement, telles que les Conseils de préfecture et le Conseil d'État, d'arbitrer elles-mêmes, dans les cas et les limites de leurs attributions, des dommages et intérêts. N'est-il pas non plus étrange, qu'au sommet de ces deux autorités collectives, se trouve un ministre responsable de leurs décisions, qu'il n'a pas rendues lui-même ? N'est-il pas encore plus étrange que des conseillers de préfecture et des conseillers d'État, véritables juges de fait, et dont les décisions ont été déclarées avoir le même caractère, la même force et les mêmes effets que les jugemens des tribunaux, puissent dénier aux citoyens la justice, et prévariquer par haine, par faveur, ou cupidité, sans que les citoyens aient, contre l'iniquité possible de leurs jugemens occultes, la garantie de la prise à partie ou toute autre ?

Nous avons dit que notre système n'entravait point l'action administrative. Nous allons le prouver en faisant l'application de ce système aux exemples mêmes qu'on nous oppose.

Premier cas : Qu'il y ait eu nécessité de taxer le pain, c'est au ministre compétent à juger cela. Il déclare que le fait de cette taxe *ne constitue pas un délit*, en déclarant qu'*il n'y a pas lieu à des poursuites criminelles*. Mais comme il y a eu gêne dans son industrie, ou dommage causé à un citoyen par l'autorité, sans la permission de la loi, il faut que le citoyen obtienne la réparation de ce dommage contre l'autorité comme contre tout citoyen. Les tribunaux examineront le fait nu et en lui-même, et indépendamment des considérations ou administratives ou politiques qui l'ont nécessité, et ils appliqueront ensuite, soit les lois civiles ordinaires, soit même les réglemens de police dont l'exécution n'a pas été réservée par une exception légale à l'autorité administrative.

Second cas : L'utilité générale commande que ma maison soit démolie, ou mon terrain pris, ouvert, fouillé, pour établir une rue, un canal, un édifice public, ou pour con-

fectionner ou réparer une route, ou tout autre cas sembla-
ble ; je subis alors une sorte d'expropriation provisoire et
violente pour cause d'utilité publique. Le gouvernement
déclare, sur ma plainte, que le fonctionnaire qui a fait
exécuter mon expropriation, qui m'a privé de ma chose,
qui m'a porté préjudice, n'a point commis un abus d'autorité. J'y consens : qu'en résulte-t-il ? c'est que l'action publique s'arrête. Mais la loi voulait que j'obtinsse une juste
et préalable indemnité, parce qu'elle respecte les droits de
tous, et que les miens ont été violés. Eh bien, cette indemnité, n'ayant pu l'obtenir avant le préjudice souffert, je
dois l'obtenir après ; et, comme je ne connais que l'auteur
immédiat de la violence et du dommage, je m'adresse directement à lui et devant mes juges légaux, pour obtenir
une réparation, sauf à lui à appeler en intervention ou en
garantie, soit la commune, soit l'État qui a profité de
mon préjudice.

Si nous ajoutons que les gens du Roi sont révocables,
qu'ils sont subordonnés au ministère, qu'ils assistent aux
débats, et qu'ils sont toujours prêts, soit par inclination,
soit par devoir, à défendre les fonctionnaires inculpés ;

Si nous faisons remarquer que les juges, dans la constitution actuelle de nos tribunaux, loin de montrer une opposition hostile envers le gouvernement, seront toujours
ses auxiliaires empressés et soumis ; qu'ils tiennent de lui
leur salaire, leur avancement, leurs honneurs ; que leur
inamovibilité les affranchit plus que les autres hommes
de l'inquiétude des passions populaires ; qu'ils sont naturel-
lement, et par l'application habituelle des lois et l'austérité
de leur état, amis du repos, de l'ordre et des doctrines con-
servatrices de la société, nous ne craindrons point tant de
remettre entre leurs mains le jugement des fonctionnaires ;
nous ne craindrons point qu'ils entravent l'administration
et qu'ils usurpent la souveraineté. Ne nous plaignons pas
de ce qu'ils sont trop indépendans, regrettons plutôt qu'ils

ne le soient pas assez ; ne laissons point la marche de l'administration flotter dans l'arbitraire, sous le frivole et dangereux prétexte qu'on affaiblirait son action en la réglant ; confions-nous un peu à la sagesse du Roi et des Chambres, et à cet instinct admirable du gouvernement constitutionnel, qui, sans ébranlement et sans danger, porte à l'instant sa force et ses secours à toutes les parties dont la faiblesse et le dépérissement amèneraient la dissolution du corps social.

On demandera si l'action pénale peut être éteinte par la déclaration du ministre, lorsque le fonctionnaire se sera rendu coupable d'un vol, d'un assassinat, d'un empoisonnement, de tortures, etc.

Non, car de tels crimes ne peuvent jamais être considérés comme ayant été commis dans l'exercice des fonctions administratives.

Aucun ordre du ministre, aucune loi ne peuvent autoriser le vol et l'assassinat.

On n'a pas besoin de déclarer que des fonctionnaires coupables de crimes aussi grands ne peuvent échapper, sous quelque prétexte que ce soit, ni à l'action civile, ni à l'action publique : cela va de soi-même.

Il ne faut pas croire, d'ailleurs, que le gouvernement ait toujours un intérêt si pressant à garantir ses agens prévenus de crimes ou de délits.

Parcourons la série des délits et crimes spécifiés dans le Code pénal, et que les agens du gouvernement peuvent commettre dans l'exercice de leurs fonctions envers les particuliers.

Délits des Fonctionnaires qui se sont ingérés dans des affaires ou commerces incompatibles avec leur qualité.

« Si un fonctionnaire a pris ouvertement, ou par actes simulés, ou par interpositions de personnes, ou reçu quelque intérêt que ce soit dans les actes, adjudications, ou entreprises, ou régies dont il avait, au temps de l'acte, en tout ou partie, l'administration ou la surveillance, »

Il est évident que le gouvernement n'a aucun intérêt, dans aucun cas, à garantir et à justifier une pareille concussion.

De même, « s'il prend un intérêt quelconque dans une affaire dont il était chargé d'ordonnancer le paiement ou de faire la liquidation. »

De même, « s'il a exigé des dons en nature ou en argent pour un acte de ses fonctions. »

Abus d'autorité.

« Si un administrateur s'est introduit dans le domicile d'un citoyen hors les cas prévus par les lois ; »

« Si un préfet a refusé de prononcer sur la réclamation d'un citoyen dans les limites de ses attributions légales ; »

« Si un administrateur a, sans motif légitime, usé ou fait user de violences dans l'exercice de ses fonctions ; »

Le gouvernement n'a point d'intérêt à couvrir de tels délits.

De même, « si un maire a dénaturé, lacéré, falsifié des actes de l'état civil, et détruit ainsi l'état des personnes, » il leur doit des réparations.

Faux.

Des faux de toute nature commis par des fonctionnaires publics dans l'exercice ou à l'occasion de leurs fonctions, ne peuvent être excusés et garantis par un ministre. Cela ne peut se supposer : il n'y a aucun intérêt quelconque de l'administration qui puisse jamais se fonder sur la nécessité d'un faux.

Actes arbitraires attentatoires à la liberté individuelle.

Si, dans un temps ordinaire, un fonctionnaire abuse de son pouvoir pour assouvir sa haine personnelle contre un citoyen, le gouvernement n'a aucun intérêt à justifier les caprices ou à épouser les vengeances de ce fonctionnaire.

Mais qu'une sédition vienne tout-à-coup à éclater dans une commune, dans un arrondissement, dans un département, le maire, le sous-préfet, le préfet délégué du pouvoir exécutif, chargé de maintenir la sûreté et la tranquillité publiques, peut donner l'ordre à la force armée de dissiper cette émeute, et provisoirement faire arrêter et incarcérer les individus attroupés et saisis en flagrant délit, sauf à les remettre, dans le plus bref délai, aux mains de la justice.

Il n'y a que des factieux qui puissent alors accuser les administrateurs d'avoir pris les mesures extraordinaires, mais urgentes et forcées, qu'exigeait le salut de tous.

Les individus saisis dans cet attroupement et remis aux tribunaux, ne seront jamais, on peut le croire, très-empressés de réclamer contre ce prétendu attentat à la liberté individuelle ; car ils ont eux-mêmes violé la liberté de tous, et les tribunaux protecteurs de l'ordre public appliquent, d'après la déclaration des jurés, aux crimes d'attroupement et de sédition, toute la sévérité des lois.

Il ne faut pas non plus perdre de vue que dans les temps de trouble et d'anarchie, et lorsque les libertés de la nation sont en quelque sorte suspendues dans l'intérêt de sa propre conservation, les ministres obtiendront sans doute facilement des garanties plus abondantes pour les agens secondaires chargés d'accomplir les lois d'exception, lois qui, toujours abusives dans leur principe, doivent si souvent le devenir encore davantage dans leur exécution (1).

Supposons aussi qu'un département, un arrondissement,

(1) Je me place ici un moment dans l'hypothèse de ceux qui pensent que les lois d'exception peuvent être quelquefois nécessaires. Pour moi, j'aimerais à soutenir la thèse contraire, et à prouver que, dans une monarchie constitutionnelle sagement organisée, la liberté des citoyens et l'intérêt bien entendu du gouvernement lui-même, repoussent *toujours* avec force les lois d'exception.

une commune, soient tout-à-coup menacés et envahis par l'ennemi, et que le préfet, le sous-préfet, le maire, sans attendre les ordres du gouvernement, commande sur-le-champ, pour repousser le danger commun, et dans l'intérêt de tous, des réquisitions de personnes, de denrées, d'argent, ou étouffe, par des incarcérations, les intelligences criminelles de quelques citoyens avec l'ennemi, ou prenne toute autre mesure attentatoire, en principe, à la liberté individuelle ou à la propriété et à la libre disposition que, dans les temps ordinaires, chacun a de sa personne, de ses actions et de sa chose, il est évident que la responsabilité de ces mesures extraordinaires est justifiée par le salut de la patrie et le péril des circonstances.

Toutefois, lorsque le danger serait passé ou le terme des lois d'exception fini, il faudrait que les ministres rendissent compte aux Chambres des mesures illégales que la nécessité des circonstances leur a imposé l'obligation de prendre, ou de l'usage qu'ils ont fait des pouvoirs extraordinaires que les lois d'exception leur avaient conférés, et demandassent pour eux et pour leurs agens un bill d'indemnité.

Il vaut mieux que la garantie se trouve dans le bill d'indemnité que dans la loi d'exception. Cela sauve le principe.

L'obligation de rendre compte, sans ôter aux administrateurs fermes et consciencieux l'énergie et la confiance dont ils ont besoin, empêcherait les fonctionnaires moins honnêtes de faire servir, ainsi que cela n'arrive que trop souvent, au triomphe de leurs opinions politiques ou au profit de leurs inimitiés personnelles, une autorité qui ne leur a été confiée sans mesure que pour secourir et protéger sans mesure leurs administrés.

On a fait encore cette objection : Le ministre, pour ne pas s'exposer à être personnellement responsable, abandonnera toujours son agent, sans le garantir, au jugement des tribunaux.

Qu'importe? de deux choses l'une : ou le fonctionnaire

ne pourra justifier devant les tribunaux qu'il a agi en vertu de l'ordre du ministre; et, dans ce cas, le ministre aura eu raison de ne pas assumer la responsabilité d'un délit qu'il n'avait pas ordonné de commettre;

Ou le fonctionnaire justifiera qu'il n'est ni le véritable auteur ni le complice du délit, qu'il a exécuté passivement, et comme hiérarchiquement contraint, le mandat ou l'ordre du ministre; et dans ce cas le ministre ne pourra échapper à la responsabilité civile que le fonctionnaire fera peser sur lui par voie de recours.

Mais, dit-on, les tribunaux examineront donc alors si le ministre a pu empêcher le fait qui, par voie récursoire, donne lieu à sa responsabilité.

Pourquoi non? Ils l'examineront et en déduiront les effets sous le rapport civil seulement. Aujourd'hui, lorsqu'un ministre autorise la mise en jugement d'un de ses agens, se décharge-t-il lui-même pour cela de toute responsabilité personnelle? Cet agent ne peut-il appeler en garantie le ministre compétent qui a ordonné le fait? Je me trompe. C'est le Conseil d'État qui prononce aujourd'hui sur les mises en jugement. Mais ce mode est vicieux; le ministre seul doit prononcer, parce que le ministre seul est responsable. Au surplus, que ce soit le Conseil d'État ou le ministre qui autorise la mise en jugement des fonctionnaires, ces fonctionnaires ont toujours le droit d'appeler le ministre en cause, lorsqu'ils justifient du mandat qu'ils en ont reçu.

Si donc l'objection a de la force contre le système proposé, elle en a plus encore contre le système existant, ou plutôt elle n'en a ni dans l'un ni dans l'autre cas.

D'ailleurs, si notre proposition était adoptée, on verrait bien peu de fonctionnaires condamnés exercer utilement leur recours contre le ministre, parce que les crimes ou délits sont des actes que, dans un pays libre, les fonctionnaires, même subalternes, ne commettent guère par ordre ou

par crainte révérentielle de l'autorité, mais par des mouve-
mens spontanés et de propre volonté.

D'une autre part, si le délit qui porte préjudice au citoyen est matériellement administratif (comme si un préfet
ordonne par un arrêté de détruire une usine ou de fermer
une fabrique, ou s'il diminue les prix stipulés par un marché
conclu avec l'administration, sous la réserve, en cas de contes-
tation, d'une juridiction exceptionnelle, etc.), le gouvernement a la ressource du conflit, et le conflit, à raison de la
personne, suit alors le sort du conflit à raison de la matière.

Cette faculté du conflit, laissée entre les mains du gouvernement, est un moyen qui suffit pour maintenir dans leurs
limites respectives l'autorité judiciaire et l'autorité administrative, et pour protéger même les agens et préposés de l'administration autres que les maires et préfets, auxquels on
ôterait la garantie, lorsque leurs actes ou arrêtés ne peuvent
être soumis, dans l'ordre hiérarchique, qu'à l'autorité administrative supérieure. Ainsi un percepteur, traduit par
un contribuable devant les tribunaux comme concussionnaire, peut soutenir qu'il n'a point perçu au-delà de ce qui
était dû, et, quoique privé de la garantie, décliner la juridiction des tribunaux. Alors, si les tribunaux ne prononcent
pas le renvoi de la cause devant l'autorité compétente, ou
d'office, ou sur la demande du percepteur, ou sur la réquisition du ministère public, le préfet doit élever le conflit;
car le percepteur ne serait coupable du crime de concussion
qu'autant que la perception exigée serait illégale, ou indue,
ou trop forte; et c'est le Conseil de préfecture seul qui, d'a-
près les lois, doit prononcer en matière de contributions
directes.

Ceci s'applique également aux maires qui seraient poursuivis par leurs communes comme concussionnaires. C'est
aux préfets à juger si leur comptabilité est exacte.

La décision préalable de l'autorité administrative, sur la
légalité de la perception ou sur l'exactitude de la compta-

bilité, n'empêche pas que les fonctionnaires ne soient renvoyés, s'il y a lieu, devant les tribunaux, pour crime de concussion, faux, ratures, surcharges, extorsions, etc.

Ce qu'il y a de fâcheux, ce qui complique la difficulté, c'est que l'administration, qui avait, pendant la révolution, envahi toutes les matières, conserve encore aujourd'hui des attributions devenues nécessaires, attributions qu'on ne saurait supprimer tout-à-coup sans compromettre en quelque sorte l'existence du gouvernement et la fortune même d'une multitude de familles, attributions très-étendues, qui correspondent et touchent par tous les points aux plus chers intérêts des citoyens. Or, les tribunaux administratifs, chargés de prononcer sur ces intérêts, c'est-à-dire les conseils de préfecture en première instance, et le Conseil d'État en appel, ne sont point régulièrement organisés, et ne présentent pas aux citoyens les garanties qu'il serait si facile de leur donner, sans arrêter la marche et sans léser les droits du gouvernement.

D'une part, lorsqu'un citoyen se plaint d'un acte arbitraire et demande à poursuivre devant les tribunaux le fonctionnaire qui l'a commis, le Conseil d'État, c'est-à-dire le ministre responsable, déclare qu'il n'est pas responsable.

Ainsi, en matière de délits, le ministre se fait justice lui-même.

D'une autre part, lorsque le citoyen attaque une décision ministérielle qui lèse sa propriété ou ses intérêts, le Conseil d'État, c'est-à-dire le ministre responsable, déclare que la réclamation du citoyen est mal fondée.

Ainsi le ministre, en matière administrative, se constitue à la fois juge et partie.

On demande si, dans les deux cas, les citoyens n'ont pas quelque raison de se défier d'une pareille justice, et de solliciter de nouvelles garanties.

D'après cela, il est évident que, pour compléter le système de la responsabilité des ministres et de leurs agens, il faudrait aussi organiser régulièrement la distribution de la justice administrative.

Ces deux choses paraissent tellement liées, tellement connexes et indivisibles, qu'elles veulent être réglées presque ensemble. C'est le cri d'un besoin universel.

CHAPITRE II.

Des garanties que les citoyens devraient avoir contre les décisions des ministres et du conseil d'Etat.

On a prétendu trancher la difficulté en appliquant aux arrêtés des préfets et des conseils de préfecture, aux décisions des ministres, et même aux ordonnances royales rendues en matière administrative, le principe de la responsabilité ministérielle.

Objection de la responsabilité ministérielle.

On a dit : Si une décision ministérielle ou une ordonnance royale, prise en matière contentieuse, viole la propriété et les intérêts d'un citoyen, le citoyen attaquera devant les Chambres le ministre responsable.

Cette objection est-elle bien sérieuse ?

Quoi ! le ministre de l'intérieur, des finances, de la guerre, de la marine, serait personnellement responsable d'un jugement rendu hors sa présence, par le Conseil d'État, et approuvé par le Roi !

Il serait personnellement responsable d'un arrêté du conseil de préfecture confirmé par une ordonnance royale !

Il serait personnellement responsable d'une décision rendue par une assemblée de quarante membres sur des matières de droit administratif !

Et devant qui ? devant les Chambres ? Mais vous convertissez les Chambres en tribunal. Elles vont juger des questions de fait et de droit. Quelles seront, devant cet étrange et nouveau tribunal, les formes de procéder, les délais, les défenses? Quand l'ordonnance royale aura-t-elle le caractère et les effets de la chose jugée? Et lorsque les citoyens lésés se plaignent devant les Chambres de ces ordonnances royales rendues par le Conseil d'État, en matière contentieuse, et contresignées du ministre responsable, les Chambres leur opposent la chose jugée, et passent à l'ordre du jour!

Quelle contradiction!

Si la division des pouvoirs établie par la libérale assemblée constituante, si la conservation des droits créés par la législation existante, si l'intérêt bien entendu de l'État et peut-être encore plus des citoyens, s'opposent à ce qu'une foule de questions contentieuses, mélangées de politique et d'administration, puissent être soumises aux jugemens si lents et si dispendieux des tribunaux, ne faudrait-il pas du moins faire juger ces sortes de questions, en première instance, par des conseils de préfecture ou des tribunaux administratifs réguliers, et en appel, par un conseil ou tribunal administratif supérieur, institué *par une loi,* — *indépendant du gouvernement,* — dont les *membres seraient inamovibles,* — dont *les arrêts seraient affranchis de la sanction royale comme ceux des tribunaux ordinaires,* — *où, dans les rapports faits en audience publique, le rapporteur se bornerait à résumer le fait et les moyens, sans ouvrir son avis,* — *où la plus grande latitude serait laissée aux défenses des parties,* — *où les intérêts du gouvernement et des citoyens seraient surveillés par un commissaire du Roi;* — *enfin, où l'instruction des affaires serait rendue encore plus facile et plus rapide* (1).

(1) On m'objectera peut-être que je demande des tribunaux d'exception, des tribunaux extraordinaires : ce serait bien mal comprendre et ma pensée et ma proposition. Il ne faut pas s'y tromper : ce n'est point parce que la matière des jugemens est différente, que les cours prévôtales, les conseils des prises, les conseils de préfecture et le Conseil d'État, et en général toutes les commissions, sont des tribunaux extraordinaires, des tribunaux d'exception; c'est uniquement parce qu'ils manquent de la *publi-*

L'érection légale de pareils tribunaux, que repoussent jusqu'ici nos vieilles habitudes du despotisme et de l'arbitraire, n'offrirait-elle pas aux citoyens toutes les garanties qu'ils peuvent désirer pour la meilleure distribution de la justice administrative, et n'affranchirait-elle pas les ministres eux-mêmes de la nécessité périlleuse de répondre à chaque instant, à la tribune, aux violentes attaques dirigées par les parties lésées contre les ordonnances rendues en Conseil d'État?

Les principales matières administratives, qui ne sont aujourd'hui gouvernées que par des lois insuffisantes dans leurs dispositions, obscures dans leur rédaction, contradictoires dans leur principe, et souvent même par de simples décrets impériaux, ordonnances royales, arrêtés de préfets et instructions ministérielles, auraient besoin d'être réglées par des

Refonte de
législation ad
ministrative

cité de la *procédure*, des *défenses*, de l'*inamovibilité*, de l'*indépendance*, de la *responsabilité* que les citoyens trouvent dans les tribunaux qu'on appelle *ordinaires*. Ainsi, le caractère d'exception, d'extraordinaire, n'est point *dans la différence de la matière*, mais dans la *privation de garanties*.

Cela est si vrai, que les cas dits prévôtaux étaient, avant la création des cours prévôtales, et sont, depuis leur suppression, soumis à des jurés comme les autres matières criminelles. De même, avant la révolution, le Roi évoquait des causes criminelles ou civiles pendantes devant les parlemens, et les renvoyait au jugement de commissions spéciales. Si toutes ces matières n'étaient pas différentes de celles qui sont jugées par les tribunaux ordinaires, pourquoi appelait-on cependant les cours prévôtales et les commissions, des tribunaux extraordinaires? C'est parce qu'ils manquaient des garanties communes. Mais des tribunaux administratifs, institués *légalement* et sous les conditions salutaires dont j'ai parlé, offriraient aux citoyens, avec les *mêmes garanties* que les juges ordinaires, plus de *simplicité dans les formes*, de *modération dans les frais*, de *célérité dans l'exécution*.

En sorte qu'il vaut mieux, dans l'intérêt *véritable* des citoyens, instituer des tribunaux administratifs, que de renvoyer le contentieux de l'administration, ainsi que le contentieux judiciaire, aux tribunaux civils, lors même que cela serait possible. Les publicistes qui voudront approfondir un aussi grave sujet partageront, j'ose le croire, mon opinion sur ce point.

lois nouvelles et mises plus d'accord avec les besoins actuels de l'administration, l'esprit de notre Charte et les droits des citoyens. Il faudrait néanmoins se garder avec soin d'imprimer à de telles lois un effet rétroactif. Les matières qui appellent particulièrement la sollicitude du législateur, sont les *entreprises de travaux publics*, les *marchés de fournitures*, les *liquidations*, les *manufactures*, les *usines*, les *fabriques*, les *communes*, les *cours d'eau*, les *chemins vicinaux*, etc.

Quant aux *conflits*, tant que les attributions conférées à l'administration flotteront dans le vague des généralités et d'une évocation arbitraire, tant que le gouvernement sera, comme aujourd'hui, juge et partie dans sa propre cause, on ne saurait trop, dans l'intérêt des citoyens, resserrer l'exercice du droit de revendication. Au contraire, les limites pourront en être plus étendues lorsque les citoyens auront obtenu, en matière contentieuse administrative, des juges indépendans du gouvernement et inamovibles dans leurs fonctions, parce qu'alors, d'un côté, le gouvernement n'aura plus, en indiquant aux parties pour juge plutôt le tribunal administratif que le tribunal judiciaire, d'autre intérêt véritable que celui de l'ordre public et du maintien des compétences; et parce que, de l'autre côté, les citoyens, trouvant dans l'un ou l'autre juge les mêmes garanties, se présenteront sans opposition comme sans défiance devant celui qui leur sera indiqué par le gouvernement.

Il faudrait également régler, par une loi, le mode de procéder, soit devant les conseils de préfecture ou tribunaux administratifs inférieurs, soit devant le conseil ou tribunal administratif supérieur. Car les arrêtés des conseils de préfecture et les ordonnances royales en matière contentieuse ont aujourd'hui la forme, le caractère et les effets des jugemens ordinaires. Pourquoi donc n'en offriraient-ils pas les garanties? Ces arrêtés et ces ordonnances sont motivés comme les arrêts des tribunaux; ils condamnent aux dépens, ils taxent des frais, ils sont exécutoires; on les signifie par huissiers, on y reçoit opposition et tierce-opposition; ils sont ou interlocutoires, ou par défaut, ou contradictoires et défi‑nitifs; on donne des soit-communiqué, on prononce des fins de non-recevoir et des déchéances, des suppressions de mé‑moires, des admonitions; on fait par écrit une instruction complète, on délibère sur rapports, on prend des conclu‑sions, on juge à la pluralité des voix; les arrêts antérieurs font jurisprudence.

Eh bien ! le croirait-on ? C'est une *simple ordonnance* qui a réglé toute *cette procédure*, comme c'est une *simple ordonnance* qui a institué *le Conseil d'État lui-même*. Or, toute ordonnance étant de sa nature rapportable, il s'en‑suit, ou que les citoyens peuvent, si le gouvernement le veut, manquer de justice, ou n'avoir qu'une justice rendue d'après un mode que le gouvernement peut changer quand il lui plaît, et chaque jour. Que répondre à cela ? Eh quoi ! un citoyen qui réclame une servitude de passage, un droit de mitoyenneté, la propriété de quelques pieds de terrain, la somme d'argent la plus modique, trouvera des juges in‑dépendans et inamovibles, une procédure tracée par les codes, des audiences et des plaidoiries publiques, des so‑lennités et des garanties; et si, contraint de se présenter devant le Conseil d'État, pour y subir une juridiction que souvent la volonté seule du gouvernement lui impose, il y réclame des droits, même immobiliers, ou des intérêts immenses qui composent sa fortune entière, il rencontrera son juge dans sa partie adverse; il sera traîné devant un tri‑bunal que la loi ne reconnaît point, puisque la loi ne l'a point institué : il se débattra devant ce tribunal secret, composé de juges amovibles, qui délibèrent dans l'ombre d'un bureau, sur simples mémoires, sans avocats du Roi, sans plaidoiries, loin du public, des parties et de leurs dé‑fenseurs, parce qu'il aura plu à ce même tribunal de rete‑nir la cause et de la dire administrative. Il sera forcé d'observer les formalités d'un réglement rapportable, dressé par le gouvernement son adversaire ! On lui opposera des fins de non-recevoir et des déchéances en vertu de ce réglement qui n'a reçu aucune sanction légale ! On lui appliquera les dispositions d'autres ordonnances ou décrets, qui n'ont point force de loi, et qui sont comme autant d'armes cachées que, pour le percer, on fera sortir, quand il en sera temps, de l'arsenal obscur du Bulletin ! On violera son domicile, qui ne doit s'ouvrir qu'au commandement de la loi, on jettera ses meubles dehors, on les vendra à l'encan, on transférera sa propriété en d'autres mains, en vertu d'un exécutoire donné par un greffier administratif qui n'est point revêtu des insignes et de l'autorité de la magistrature !

Et cependant on dira, on écrira, on imprimera dans les pamphlets, on alléguera dans le Conseil, on proclamera même à la tribune, que l'existence du Conseil d'État se rattache à la constitution de l'an 8, quoique cette constitution soit abrogée ; à la Charte, quoique la Charte n'en parle point ; à la loi des Élections, quoique la mention accessoire, fugitive, inaperçue, dont on veut tirer parti, ne rappelle tout au plus qu'un fait, et ne constitue nullement un droit ; on ajoutera que le citoyen lésé par les décisions du Conseil d'État, qui ne sont, dit-on, que des avis, trouve une garantie contre ces décisions dans la responsabilité des ministres, quoiqu'on ne sache si la responsabilité atteint un seul ministre, ou tous les ministres, et quoiqu'au fond cette responsabilité soit tout-à-fait illusoire ; enfin, on soutiendra qu'il n'y a point, à proprement parler, de justice administrative ; que le contentieux n'est qu'un mode de l'administration ; que des conseillers ou juges inamovibles élèveraient une autorité parallèle à celle du gouvernement, et ressembleraient aux éphores ; qu'ils menaceraient l'autorité royale d'une lutte continuelle ; qu'ils entraveraient la marche de l'administration ; qu'il faut cacher aux regards des citoyens la discussion des affaires contentieuses ; que l'intérêt

de l'administration doit prédominer sur tous les autres intérêts, se garantir seul, et se juger lui-même.

Je pourrais facilement détruire ces allégations une à une; Réfutation.
mais, sans m'attacher à la réfutation d'elles toutes, je deman-
derai si l'on peut confondre ainsi l'administration exécutive,
c'est-à-dire celle qui n'est que la simple application des lois,
avec l'administration dite contentieuse, c'est-à-dire celle qui,
en marchant, rencontre et froisse sur sa route les intérêts
des citoyens, et, par conséquent, leur doit des réparations.
Je dirai volontiers aux ministres : Vous ne pouvez échapper
à ce dilemme; ou laissez le citoyen plaider contre l'État devant les tribunaux, ou, si vous retenez la cause devant l'administration, donnez au citoyen des garanties qui aujour-
d'hui n'existent point.

Est-il d'ailleurs régulier que le tribunal de première instance, c'est-à-dire le conseil de préfecture, soit organisé par
une loi, et que le tribunal d'appel, c'est-à-dire le Conseil
d'Etat, soit institué par une simple ordonnance? Que di-
rait-on si les tribunaux de première instance étaient seuls institués par une loi, et les Cours royales par une simple ordonnance?

Par quelle singulière raison aussi les décisions du Conseil
d'Etat ne seraient-elles que de simples avis, tandis que les
arrêtés des conseils de préfecture sont de véritables jugemens?

Si la justice administrative n'est, comme vous le dites,
qu'*un mode* de l'administration, pourquoi retenez-vous au
Conseil d'Etat les appels des arrêtés de conseils de préfecture,
qualifiés par vous de jugemens, tandis que vous renvoyez
aux ministres compétens les appels des arrêtés des préfets,
pris dans les bornes de leurs attributions, c'est-à-dire, comme
vous l'exprimez, en matière purement administrative ? Ne
tombez-vous pas en contradiction avec vous-mêmes?

J'avoue qu'avant de réfuter ces étranges justifications, il

faudrait que je les comprisse ; mais les simples lumières du bon sens et les seules inspirations de l'équité me font voir et comprendre que le gouvernement est partie dans les matières contentieuses administratives ; qu'une partie ne peut pas être juge de sa partie adverse ; que tout juge ne peut tenir ses pouvoirs que de la loi, ne peut appliquer que la loi, ne peut procéder que d'après la loi.

Si l'on me demande pourquoi je ne m'explique point sur la responsabilité des ministres, quant aux crimes et délits qu'ils peuvent commettre envers les particuliers, je répondrai que j'ai voulu traiter seulement de la responsabilité des agens. Néanmoins, je crois devoir dire quelque chose de la responsabilité ministérielle, parce qu'elle se rattache par un certain côté à mon sujet, et que d'ailleurs elle me fournit de nouveaux argumens sur la nécessité de distribuer avec plus de légalité et d'ordre la justice administrative.

Il est évident que la responsabilité ministérielle, telle que la Charte l'a conçue et définie, ne s'applique qu'aux crimes qui portent à l'état péril ou dommage. C'est la société tout entière qui accuse et punit le ministre traître ou concussionnaire, dans l'intérêt général, et par des voies extraordinaires.

Mais la Charte n'a point attaché de peines aux délits commis par les ministres envers les particuliers dans l'exercice de leurs fonctions.

La doctrine la plus constitutionnelle et la plus plausible est sans doute celle qui affranchit le ministre, dans ce cas, de l'application des peines ordinaires. Il ne serait pas difficile de justifier, dans l'intérêt de tous, la convenance et même la nécessité de cette prérogative politique. Toutefois, si un ministre commettait lui-même, sur la personne d'un citoyen, un meurtre ou tout autre crime de cette nature et de cette gravité, l'autorité royale elle-même ne pourrait soustraire le coupable à la vengeance des lois, si ce n'est, après le jugement, par la voie de grâce.

En effet, le ministre ne tient sa garantie que de ses fonctions. Or, on ne peut dire qu'aucune fonction place un ministre dans l'obligation de commettre un meurtre. C'est donc avec vérité que le ministre coupable serait considéré, dans ce cas, comme un simple citoyen, et, à ce titre, accusable et punissable devant les juges ordinaires, et par les voies ordinaires.

Dans tous les autres cas, et lorsqu'un ministre blesse et compromet, par un délit commis dans l'exercice de ses fonctions, l'honneur, la liberté, la fortune d'un citoyen, l'action pénale peut, si l'on veut, ne pas l'atteindre ; mais il doit au citoyen lésé une indemnité qui sera demandée, débattue, et allouée par les voies civiles. Cela n'est-il pas juste ?

Mais il ne faut pas s'y méprendre : sous une monarchie constitutionnelle, où les hautes fonctions sont à l'enchère des talens, les ministres ne pouvant être élus, par la force même des choses, que dans le petit nombre des hommes les plus habiles et les plus renommés, sont, par conséquent, trop instruits de leurs devoirs et des lois du pays, et, en outre, trop surveillés par la liberté de la presse et les regards perçans de l'opinion, trop attentifs à ménager, dans leur propre intérêt, les libertés des citoyens, et à ne pas s'attirer les réprimandes de l'opposition, pour commettre envers les particuliers des délits personnels de violence, de détention arbitraire, de vexations, de calomnies, et autres graves abus d'autorité. Les citoyens ont, de ce côté, il faut l'avouer, peu de dangers à craindre de la part des ministres.

Ainsi, il arrivera très-rarement qu'ils commettront envers les citoyens des délits proprement dits, et qui donnent ouverture à des réparations civiles ; mais il arrivera souvent qu'ils léseront les particuliers dans leurs intérêts, leur propriété, leurs droits, par des actes ou décisions.

Ils sont aujourd'hui responsables, sous ce dernier point de vue, de deux manières.

Ils sont d'abord responsables de leurs décisions persontielles , prises sur l'avis de leurs chefs de bureau , ou de leurs comités respectifs.

Ils sont ensuite responsables, suivant leur propre doctrine (quoique fausse), des ordonnances royales rendues en conseil d'Etat , confirmatives de leurs décisions, et par eux contre-signées.

Si la responsabilité s'attache à chacun de ces divers actes, elle est immense, il faut l'avouer ; mais elle n'effraie guère, avec raison, les ministres.

En effet, lorsque le citoyen lésé se plaint de leurs décisions personnelles, ils le renvoient à se pourvoir devant le Conseil d'Etat.

Lorsque le Conseil d'Etat rejette à son tour le pourvoi, et que le citoyen demande aux Chambres la réformation de la décision approbative du Conseil , les Chambres passent à l'ordre du jour, en opposant, comme nous l'avons dit, la chose jugée.

En sorte que, dans les deux cas, la responsabilité des ministres, vis-à-vis des citoyens, est tout-à-fait dérisoire et nulle.

Il faut cependant que cette responsabilité n'existe pas seulement de droit, mais encore de fait.

Mais pour condamner personnellement le ministre à des réparations civiles, à raison d'une décision par lui prise, ou d'une ordonnance royale rendue en conseil d'Etat sur sa décision , il faut faire apprécier les dommages-intérêts par les tribunaux ou par les Chambres.

Or, si les tribunaux jugent le mérite d'une décision ministérielle, ou d'une ordonnance royale , ils annulent l'indépendance de l'administration ; tous les pouvoirs sont à l'instant confondus.

Si les Chambres jugent à leur tour , elles sont, de corps législatif, transformées en corps judiciaire ; elles usurpent, en quelque sorte, la souveraineté.

Ces deux modes sont inconstitutionnels dans leur principe, impraticables dans leur exécution.

Que faut-il donc faire?

Il faut que les ministres ne soient personnellement responsables, ni des arrêtés des conseils de préfecture qu'ils n'ont point rendus, et qui sont déférés par les parties au conseil d'État directement, à l'insu et sans le concours des ministres, ni de leurs propres décisions, ni des ordonnances royales qui les approuvent.

Mais qui sera alors responsable?

Les tribunaux administratifs de première instance et d'appel; mais il faut, avant tout, les instituer régulièrement, et les environner de garanties réelles qui remplacent la responsabilité illusoire des ministres.

RÉSUMÉ.

Ainsi, en résumé, il faut que la garantie dite constitutionnelle soit ôtée à tous les préposés, employés et agens inférieurs ou supérieurs du gouvernement, autres que les maires, leurs adjoints, sous-préfets et préfets.

Il faut que, dans toutes les villes de France, dans toutes les communes rurales, et jusque dans le plus petit hameau situé aux extrémités du royaume, le plus obscur citoyen, violenté dans sa personne, insulté dans son honneur, troublé dans sa propriété par un maire, sous-préfet, ou préfet, qui aura agi dans l'exercice de ses fonctions, mais illégalement, puisse obtenir directement contre cet administrateur et devant les juges du lieu, sans autorisation préalable ni du conseil d'État, ni des ministres, ni de qui que ce soit, sans déplacement, sans frais, sans périls, sans lenteurs, les réparations civiles qui lui sont dues.

Il faut que le ministre compétent qui veut garantir de l'action pénale le fonctionnaire inculpé, exprime, dans un court délai, par une décision formelle, énonciative de la plainte et des faits, et insérée au Bulletin des lois, qu'*il n'y a lieu à poursuivre*, sans préjudice de l'action privée, qui, dans tous les cas, et quelle que soit la déclaration du ministre, peut être exercée par le citoyen lésé contre le fonctionnaire auteur immédiat de la lésion, sauf le recours de celui-ci en garantie et aux fins civiles contre le ministre.

Il faut que tout ministre, prévenu d'avoir, dans l'exercice de ses fonctions, commis personnellement quelque délit envers un particulier, puisse être, sans l'intervention des Chambres, poursuivi sur la plainte et à la seule réquisition du citoyen lésé, devant les tribunaux ordinaires, et condamné, s'il y a lieu, à la réparation civile du mal ou du dommage illégalement éprouvé.

Il faut que les membres des autorités administratives érigées en tribunaux, soient, individuellement ou collectivement, sujets à la prise à partie, dans les formes et pour les cas qui seront déterminés par la loi.

Enfin, il faut, quant aux actes, arrêtés ou décisions pris par les fonctionnaires dont il s'agit, et même par les ministres, en vertu des lois administratives, et qui lèsent les citoyens dans leurs droits, intérêts et propriétés, que ceux-ci puissent en poursuivre l'annulation devant les tribunaux administratifs, dans l'ordre hiérarchique.

Dans ce cas, la responsabilité personnelle des agens supérieurs et inférieurs du gouvernement cesse. Mais les citoyens doivent alors trouver dans les tribunaux administratifs une légalité, une indépendance, une inamovibilité, une régularité de procédure, une uniformité de jurisprudence, une certaine publicité, une grande latitude de défenses, une modicité de frais, une rapidité d'instruction, et d'autres garanties indispensables et tutélaires qu'ils ne présentent pas aujourd'hui.

Tribunaux administratifs de première instance et d'appel, procédure, attributions, garanties, sanction, tout, dans la distribution de la justice administrative, a besoin d'être réglé par une loi.

On l'attend.

9 782013 454759